CANTATA
A
LAJAS

RAMÓN ALAMEDA MERCADO
2016

CANTATA
A
LAJAS

RAMÓN.ALAMEDA MERCADO
EDITORIAL AKELARRE

Cantata a Lajas

Primera Edición
febrero 2016

Editorial Akelarre
Lajas, Puerto Rico
editorialakelarre.blogspot.com
editorialakelarre@gmail.com

Ilustraciones sometidas por el autor y su equipo de trabajo.

Ilustración de portada: Foto de la Plaza Juan Ramírez Ortiz, c. 1917; suministrada por Surcando la Historia, Inc.

ISBN: 1523826045
ISBN-13:   978-1523826049

DEDICATORIA

A mi querida madre, que en paz descansa.
Y a mí adorado padre, quien le hace com-
pañía,
les dedico estos versos en su día
cargados de pletórica alabanza.
Con sentimientos llenos de esperanza
de que, en algún momento,
cuando la parca marque mi nuevo norte,
con la brisa de mi ocaso, iré contento,
en pos de hallarlos en su horizonte,
para abrazarlos, lleno de sentimientos.

Lajas visto desde el cielo, c. 2000.
Foto suministrada por Ángel "Gueo" Sepúlveda.

PROLOGO

Por Félix M. Cruz Jusino

Cantata a Lajas, un himno a la grandiosidad de la Ciudad Cardenalicia y Monseñorial, sus entornos y su maravillosa gente. *Cantata* es un paseo por Lajas, un recorrido idílico, que no se limita a lo utópico. Alameda está consciente de esa línea fina que divide la alabanza sin fundamentos de la realidad. El poemario nos presenta la visión poética y el amor profundo por el lar nativo, punto emergente donde se dan los primeros pasos hacia la consecución de una trayectoria de emociones fructíferas para la vida y entorno.

Cantata es el primero en su haber, porque aunque otros poetas han homenajeado a su ciudad natal, este es el primer poemario totalmente dedicado a ensalzar el entorno topográfico y urbanístico que llamamos Lajas y su gente.

Alameda recolecta en *Cantata* la esencia de su formación como ser humano, que no es otra cosa, que el cúmulo de episodios que lo conectan con familiares y amigos en ese espacio en el que transcurrieron sus vivencias infantiles y se transformó en adulto.

Es importante puntualizar que es el lugar primigenio donde se crea conciencia de quienes somos. Con el tiempo es idealizado y los recuerdos se transforman en hazañas quijotescas de carácter épico. Muchos le llaman a ese lugar, hogar, otros le llaman patria chica, porque es el numen que alimenta el alma con añoranzas y recuerdos. Al mismo tiempo, es ese punto de origen donde la mente regresa cuando quiere energizarse o desea protegerse de los azares de la vida.

Para Ramón Alameda, ese sitio emotivo, pero real, se llama Lajas, pueblo al que identificamos con varios cognomentos "Ciudad del Valle", "Ciudad Cardenalicia", "Ciudad de la Piña Cabezona", y, últimamente, "Capital Cultural del Suroeste".

En *Cantata* el poeta describe la hermosura de los parajes lajeños y la riqueza de sus suelos. Nos lleva a conocer desde la conciencia del hijo que venera a su madre, la majestuosidad del sitio más emblemático de Lajas, El Valle.

> Es una amplia y bellísima llanura
> Que se extiende radiante, fértil, bella,
> Hermosa como el latir de errante estrella
> Invitando a promover la agricultura.

Así mismo, nos hace repensar lo que admiramos y sabemos de lugares famosos en la conciencia nacional como La Parguera, la Bahía Bioluminiscente y su famosa Ruta Ovni. Sin embargo, estos no son los únicos lugares que se pueden disfrutar en la "Ciudad del Valle, faro y luz de Puerto Rico". El poeta entona sonetos a otras bellezas naturales del municipio como lo es la Sierra Bermeja, el sitio geológico más antiguo de Puerto Rico. El rapsoda alaba igualmente la majestuosidad de la Laguna Cartagena, que es la única de agua dulce en la Isla y la Ceiba Acostada en el Sector Cañitas del Barrio Sabana Yeguas.

En su invitación a conocer a su pueblo natal, Alameda enfatiza que es un recorrido por el Lajas de sus sueños, pero que es también un canto a la gran riqueza espiritual que enmarca lo físico y emocional.

> Recorriendo el Lajas de mis sueños
> Buscando en qué lugar fijar mi vista...

El poeta entona su poesía realzando la magia de su pueblo de origen. No contento con describir su entorno le otorga vida y acción en la integración geográfica que enmarca a su Lajas, como notamos en su poema a la Sierra Bermeja.

> Como guardia de honor, vigilante,
> como el soldado que nunca yerra,
> Dispuesto a lanzarse a la guerra
> Contra cualquier peligro amenazante.

El vate lajeño creció y se forjó como escritor en un mundo mágico, un pueblo mítico, rico en leyendas y vistas sobrecogedoras. Lajas es asociado a extraterrestres, pero además lo es con espíritus, fantasmas, brujas, hechiceras, faunos, sirenas, ondinas, musas… y dioses.

> Lajas, ciudad de mágico esplendor
> Lucero de radiante lozanía,
> Lanzando al cosmos tu brillante fulgor
> Esparciendo en el espacio tu armonía,
> Como ondina de pureza y candor
> En acordes de grata sinfonía.
> Óleo de amor, de verde pincelada
> Hechizante, virtuosa, enamorada.

Este canto reafirma el realismo mágico que Alameda visualiza en Lajas, pero que a la vez nos confronta con la magnavisión que tiene de su pueblo al compararlo con un lucero que se luce con su "brillante fulgor" al cosmos cual hermosa mujer que seduce a un enamorado. En la poesía de Alameda, Lajas es naturaleza y desarrollo urbanístico, pero, además, es historia, cultura y amor.

> Lajas esculpida por el hombre y natura
> Y por mujeres con alma de ensueño,
> Empapadas de amor y dulzura
> Con sus rostros de sentir risueño,
> Enmarcando de historia y cultura
> Los designios del pueblo lajeño.

Cantata a Lajas, nos lleva a conocer a la "Ciudad de la Piña Cabezona" a través de un recorrido íntimo con su pueblo y su gente.

Contemplo de mi pueblo la alegría
Musical, entonante, arrobadora,
Y admírola surgir elevadora
Canturreando una bella melodía.

Ensalza el poeta las bellezas naturales, los montes collados y breñales, pero también le canta a las calles y aceras de su pueblo.

En Lajas nació y se llama Victoria
Por ella se extasía el transeúnte,
Leyendo en las aceras tanta historia
Que camina flotando, delirante.

El poeta enaltece a la agricultura y a los once barrios que conforman el municipio. Los poemas a los barrios buscan identificar el origen del nombre o asociación con personajes distinguidos del municipio. En su canto al barrio Paris dice:

Un nombre con elegancia
En suelo puertorriqueño,
Quizás, nacido lajeño
Tal vez, venido de Francia.

Alameda reconoce la aportación de lajeños y lajeñas distinguidos como Sarita Sepúlveda, al fundador, Don Teodoro Jácome Pagán. Y a Don Juan Cancio Ortiz.

Dedicó toda su vida al servicio
De Lajas, pueblo donde nació
Donde jugó de niño y creció
Fuera de la maldad y el vicio.

11

Honra la aportación de los profesionales, enfatizando la labor de los maestros en la formación de los ciudadanos.

> Lajas tienes tantos buenos maestros
> Brindándonos el pan de la enseñanza,
> Preparados, listos, capaces, diestros,
> Educando con fe y con esperanza
> Para que en el futuro nuestro
> Sigamos la bonanza

Cantata no solo es poesía, sino que es historia e información sobre Lajas. Alameda elogia a los símbolos municipales, himno, bandera y escudo.

> Nuestro escudo fue creado
> Para un pueblo ya maduro,
> Que nos lleva hacia el futuro
> Sin olvidar el pasado.

Reconoce también el bardo las aportaciones de las organizaciones culturales a la formación del pueblo. En su soneto al centro Cultural enfatiza la importancia de la colaboración para la gestación cultural.

> Nació de la visión de unos amigos
> Reunidos en consenso natural,
> Ideando de manera estructural
> Lo que en su mente traían consigo.

Podemos concluir que para Alameda y los lajeños, Lajas es:

Capital de la cultura borinqueña
Tesoro de vívidas grandezas.

Es su obra el poeta no solo nos presenta a su Lajas, sino que nos educa al resucitar diferentes estilos de versos, ya olvidados por el pueblo, como lo son la oda, la quintilla, la silva, la octava y la sextilla.

Cantata a Lajas, es más que un recorrido íntimo por la ciudad donde el hombre fraguó su pasión literaria y su canto se hizo poesía, sino un atisbado al alma sensible de Alameda.

El poemario es magia de amor e idolatría. Es ensueño enraizado en la memoria que se enfrenta a un presente que busca definir un futuro que a veces nos parece incierto. Alameda nos lleva en un viaje que juega constantemente con el tiempo, pero que siempre encuentra su ancla en la profunda veneración que el poeta tiene por la ciudad de sus ancestros.

Entonamos junto al poeta, Ramón Alameda, un canto a Lajas, exuberante paraíso borinqueño que enraíza su grandiosidad en la natura y en su aportación al acervo histórico-cultural lajeño-puertorriqueño.

Área de la Parguera. Foto suministrada por Ángel "Gueo" Sepúlveda.

AGRADECIMIENTOS

Agradezco primeramente a mi queridísimo tío, Armando Mercado Texidor, poeta lajeño, quien, con su característica humildad y sencillez, aceptó el reto y se dio a la tediosa tarea de corregir todo el texto; minimizando al máximo la posibilidad de cualquier error involuntario. Al gran amigo, Félix M. Cruz Jusino, lajeño y lajeñista, por su valiosa aportación a esta humilde y pequeña obra, Cantata a Lajas, con su bonito y bien ejecutado prólogo. Al apreciado amigo, también lajeño, laudado escritor y editor, Pablo L. Crespo Vargas, por la preparación de este volumen. A mi hermana, Milagros Alameda Mercado, doctora en filosofía y letras, escritora quien con su apoyo y estímulo me ayudó en la creación de este trabajo. A Ángel "Gueo" Sepúlveda, Q.E.P.D., también de Lajas, quien me suministró algunas de las fotos, y copias de otras, utilizadas en este poemario. A Surcando La Historia por las demás fotos suministradas. Y a Maritza Luciano Vargas, pintora lajeña por su hermosa ilustración del Valle y Sierra Bermeja. Sin la ayuda de ustedes este libro no hubiera sido posible. Para todos, un caluroso abrazo y mis más sinceras GRACIAS.

Ramón Alameda
25 de enero de 2016

HIMNO DE LAJAS

Himno

Nuestro Lajas, pueblito querido,
en mi pecho tienes un altar.
Orgulloso estoy de haber nacido
en tus campos que no he de olvidar.

Faro y luz serás de Puerto Rico
con tu Estación Experimental,
con el Valle en tu suelo bendito,
la Parguera que no hay otra igual.

Yo te añoro en mi ausencia y suspiro
por tus piñas de fama mundial,
y en mis noches de ensueño deliro
por tus montes, tu valle y tu mar

ODA

CANTATA A LAJAS

I

Recorriendo el Lajas de mis sueños
buscando en qué lugar fijar mi vista,
de aquella inmensidad me sentí dueño
sembrador, capataz, poeta, artista.
Me pensé tan feliz y lugareño
y por mi mente pasó como una ristra,
el vaho del aroma más profundo
que despide la tierra en la llovizna,
fertilizando el campo tan fecundo.
Del Valle apreciábase la brizna
y una leve cortina
de vapor se esfumaba.
Marchábase la nube de neblina
y el sol mañanero por el monte bajaba,
matizando su luz diamantina,
reflejando a su vez tanto detalle
que ledo me extasiaba
observando El Valle.

II

Continuaba sumido en mi embeleso
aspirando del orégano su aroma,
y la brisa matinal me daba un beso
mientras yo repechaba por la loma.
Las estrellas, enfilaban su regreso
empujadas por el astro sol que asoma,

y del vasto firmamento, nuestra luna,
despedíase con lágrimas gimeras
centelleando su vibrar en la laguna,
sollozando un adiós a las palmeras
que la veían marchar, sin prisa alguna,
sin quejas, ni quimeras.
El agua cartagena,
mecíase arrullando las eneas
que vibrando de emoción lloran su pena
mientras la brisa también las balancea.
Anonadado estaba ante la escena
que lleno de alegría,
a natura di gracias
por lo que allí veía.

III

Hacíase tan escabroso mi ascenso
tratando de a la cima llegar,
que todos mis músculos en consenso,
se resistían y querían regresar.
Allí me detengo, me relajo, pienso
intentando la subida sopesar,
viendo los destellos del astro triunfadores
radiantes, brillando en armonía,
con sus rayos de largos reflectores
que se dispersan en clara lozanía.
Notaba la alegría de la floresta
vestida de mágicos colores,
bailando al ritmo de la orquesta
de turpiales, pitirres, ruiseñores
luciendo cuan bellos serafines,

interpretando con sus melódicas gargantas,
acordes que despiertan los jazmines
mientras toda la flora se levanta.
Perdíase mi vista en lontananza
escudriñando todos los rincones,
viendo hasta donde mi ojo alcanza,
contemplando los grises nubarrones
formando siluetas en el cielo,
cambiando sus figuras a montones
en alegre revuelo.
La brisa peinaba los arbustos,
mecíanse las silvestres flores,
y el viejo guayacán vetusto
se perfumaba con gratos olores.
Vi las grandes maravillas que el paisaje
exhibía con sus encantos tan divinos,
y de las golondrinas el raudo viaje
intentando llegar a su destino.
Se extasiaba mi vista ante la escena
del encanto bullanguero pajaril,
revoloteando de forma tan amena
como ninfas danzantes en abril,
que se movían como alegres mariposas
con sus alas de múltiples colores
libando el néctar de las rosas,
y de otras flores.
Me parecía estar en otro mundo
no queriendo de este ensueño despertar,
pero en mi sentimiento tan profundo
sabía que tenía que continuar.
Me incorporé, sentí el arrullo de la brisa,
de aire fresco tomé una bocanada
Y tranquilo, sin prisa,

con la alegría de un niño
proseguí mi jornada.

IV

Continué mi camino
mirando mi silueta en el crisol,
que avanzaba tranquila a su destino
y se tornaba más larga bajo el sol.
No sabía que soñar fuese mi sino
y mi vista iba cual girasol,
observando el monte y la campiña
escuchando el trinar del ruiseñor
inhalando el aroma de la piña
y del turpial su canto de tenor.
Desde el monte divísase la viña
extendida en todo su esplendor.
Allá en el cielo, la nube desenfunda
arrojándose a caudales sobre el suelo,
la lluvia todo inunda,
y en su furia y su celo
a la tierra fecunda
para nuestro consuelo.
Con júbilo infantil
estas cosas, iba viendo
mientras iba subiendo.

V

A duras penas, subo la colina.
Bajo la sombra de un fresco tamarindo

el sueño me domina
de cansancio me rindo.
Entonces mi sueño se ilumina
y en alas de Morfeo voy viendo,
la inmensa inmensidad del valle
los collados, la vega, el alto monte
el flamboyante flamboyán y su entalle
la torcaz surcando el horizonte.
Veo la lluvia lanzar su correntío
bañando la simiente,
regando el sembradío.
Percibo en mi dormido pensamiento
que la brisa del monte me pellizca
y en mi adormecimiento,
el rostro me humedece la cellisca.
Haciéndome soñar que estoy de fiesta
en el tronco de aquel árbol sentado
disfrutando de la tarde mi siesta
dormitando, feliz, encantado.
Sentíase de la brisa el arrullo
y escuchábase a la flora cantando,
entre sueños oía murmullos
que a poquito me iban despertando.
Abriendo mis ojos me fui esperezando
saliendo del letargo allá en la cima,
entre mil suspiros cuenta me fui dando
que el crepúsculo ya se venía encima.

VI

Del pico más alto en La Sierra Bermeja
contemplaba al sol en su breve huida,

que, sin una queja,
en su despedida,
cortaba los barrotes de su fina reja,
mientras chapoteaba en su zambullida.
La nube, su cómplice, que lo retenía
en mil agujeros quedó perforada,
los hilos de oro en vano querían
asirse a la nube que se desgarraba.
La tarde en colores, adiós me decía
y la arrebolada
mágica lucía.
Entonces mirando la bóveda parda
alto bien distante, allá en el poniente,
de muchos colores como una guirnalda
el astro de Venus de rayo luciente,
me lanzaba guiños, zafiro esmeralda
desde su naciente,
justo hasta mi jalda.
La cima montuna se apagó en la noche
pero el infinito se fue despertando,
y miles de astros radiando en derroche
con tímidos ojos iban observando,
cada movimiento que mi cuerpo hacía
cada pensamiento en mi alma vivaz,
mientras yo oteando al cielo veía
en desplazamiento una estrella fugaz.
Bañando de brillo todo el hemisferio
irradiando flamas de claro zafir,
y yo anonadado ante tal misterio
cerrando mis ojos, me volví a dormir,
para despertar de este acontecer
sabiendo que era hora de partir,
en clara alborada, al amanecer.

VII

En mi regreso me voy por la vereda
y veo la garza a orillas del trillo,
que inmóvil y estática se queda
esperando a que salte el grillo.
La vaca, su cómplice, camina con cautela
ramoneando el pisoteado malojillo.
Más adelante, al llegar al recodo
detrás de los bueyes está don Manolo
timoneando el arado
manejándolo él solo.
Lo siguen las garzas buscando el gusano
y a paso cansado me llego al conuco
donde el maíz crece, radiante, lozano,
sin yerbajos, ni bejucos.
Escucho el mugido de la vaca
percibo el bramido del buey
y veo al becerro amarrado a la estaca
mientras voy llegando al batey.
De cuatro zancadas bajo la quebrada
y me quedo embelesa'o
mirando a doña Margara
lavando trapos caga'os,
con su falda a los muslos trepada
su cuerpo inclinado hacia el frente
y el fondillo hacia el monte miraba,
lo vieron mis ojos, lo grabó mi mente.
Nervioso me puse, sentí escalofríos
ante aquella escena de blancas enaguas.
Ya más adelante, divisé un bohío
techado con yaguas.
La mañana, se presentaba divina

y por la ventana del fregadero
escapaba de aquella cocina
el aroma austero
del café prieto.
Todo un paisaje de la vida campesina
que te deja mudo y quieto.
En el bohío se siente la sazón
y veo de hollín ennegrecido el techo,
pintado con el humo del fogón
que sale de la llama del leño deshecho.
Mientras el chorrito de café percola...
el viejo colador,
la vieja Marcola
sentada en su inquieto mecedor,
se echa una mascadura de tabaco,
y escupiendo en el sobera'o
pone sus pies sobre un saco
y se recuesta de medio la'o.
Estos han sido momentos vividos
de un pasado que se niega a morir,
que siguen latiendo y negando el olvido
y en esta poesía vuelven a surgir...
sin aumentos ni rebajas,
mientras voy regresando
a mi pueblo de Lajas,
al cual ya estoy entrando.

VIII

Me encuentro por mis calles paseando,
calles que, por sus nombres, son virtudes,
y en alas de mi vida voy pensando

en aquellos tiempos de vicisitudes.
¿Quién a estas calles el nombre les fue
dando?
transportado tal vez ¿en qué latitudes?
¿Qué imágenes del tiempo y de la vida,
se recrearon en su mente arrobadora
de obsequiar a esta Lajas tan querida
con nombres que brillan en la aurora?
Que en su arrebolada sacudida
surgen de forma incidental
como océanos de mansa virtud,
llamando a esta la calle *Hospital*
nuestro amparo de luz y salud.
Vibra la vida y en su trepidar
Incita a la *Unión* y la *Concordia*,
enarbolando sus lazos de *Amistad*
cual bandera de triunfo y de *Victoria*.
Sus hijos henchidos de *Lealtad*,
lanzan a la patrona flores de *Candelaria*
que invitan a la paz,
y son una plegaria,
en la voz de *San Blas*.
Quien con su sagrado *Rosario* en la mano
eleva su oración con voz melódica
con la fe que lo mueve a buen hermano
rindiendo pleitesía a *Santa Mónica*.

IX

Me adentro en la calle Candelaria
que con su nombre honra nuestra patrona,
donde el pueblo le canta sus plegarias

y en sus cánticos místicos, la corona...
llenándola de gloria
cual sagrada matrona.
Con salmos y canciones de dulzura
que, en la voz de sus hijos amorosos,
fieles a su cultura
pletóricos de gozo
son una donosura.
Y festeja su día el pueblo entero
rebosando a plenitud y algarabía,
en fecha sita el día dos de febrero
en sana unión y camaradería.
Con gozo, con júbilo y esmero
honrándola con cálida alegría,
entregándole flores del romancero
recogidas de los más lindos vergeles
del llano y el monte,
traídas en alados corceles
del vasto horizonte.

X

Me transporto a la calle Amistad
donde siento con gran lucidez,
la brisa que me trae la libertad
que disfruto con amor y placidez.
Mis ojos se humedecen en verdad
trayéndome humor de plañidez.
Mientras, voy pensando por la acera,
añorando el pasado,
llorando una quimera.
Tal vez será que un amor olvidado

en alguna primavera,
la calle Amistad me lo ha recordado.
"Cosas que del alma se cuelan"
Haciéndome sentir en un momento
de adolescente, rapaz de escuela,
la esperanza de un posible encuentro.
Y el recuerdo vuela...
se va con el viento.
Yo sigo en silencio, meditando,
tratando de calmar mi ansiedad,
y uno a uno mis pasos voy contando
transitando por la calle Amistad.

XI

Continuando por las calles virtuosas
transito por la llamada Unión,
pisando sus aceras silenciosas
que me acogen en franca comunión.
Allí la vida se torna primorosa
llena de bendición,
que caída de lo alto de la esfera
de la bóveda azul, del firmamento,
me deja en su fulgor una estela
de luz y entendimiento,
que me hace sentir en pasarela,
desfilando ahogado en sentimiento.
Haciéndome flotar en manso vuelo
viviendo la alegría del momento
dejándome extasiado, mudo, ledo,
transportándome en las alas del viento
en un viaje a sueños eternales

donde el cosmos las almas ilumina,
lejos de los ruidos terrenales
por parajes donde el amor domina.
Allí me encuentro, alegre, caminando
entre acordes de una bella canción,
jovial y suspirando
voy por la calle Unión.

XII

¿Por qué San Blas, de quien surgió la idea?
¿En qué momento, este hijo pensante
en este santo el alma recrea,
y le llega a su mente brillante
como luz de faro cuando centellea
elegir un nombre tan enarbolante?
Tal vez un místico candor en las alturas
arrobante, lleno de sentimiento,
lo impulsó a realizar tal hechura
y del magno firmamento
traído por natura,
concibió este nombre eternizado
a esta calle, remanso de paz,
de este santo señor canonizado
llamándola San Blas.
Encontrar la razón que lo indujo,
sería arduo y serio,
sería como cambiarle a la historia su flujo,
sería un misterio.

XIII

Su nombre original era Lealtad
pero llegado en su momento el día,
el mismo cambió de realidad
y pasó a ser la calle Infantería.
Vientos de guerra y tempestad
tronaron, y el mundo en porfía,
hermano contra hermano se mataban
defendiendo una falsa democracia,
y los que no morían, regresaban,
abatidas sus mentes por desgracia.
En el saco que a cuestas cargaban,
traían la sinrazón
como un lamento.
Así fue como a este triste batallón
de soldados de un regimiento,
honrando su gestión
como agradecimiento
la calle Lealtad de otrora
en reconocimiento
se llama Infantería ahora.

XIV

En Lajas nació, y se llama Victoria
por ella se extasía el transeúnte,
leyendo en sus aceras tanta historia
que camina flotando, delirante.
Con nimbos, adornando su memoria
como viajando en un mundo diferente.
Donde los sentimientos se confunden,

se desplazan de abrazo en abrazo,
y en armonía divina se difunden
para volver a unirse en tibio lazo.
En ella se respira la armonía
la paz, tranquilidad, el sosiego,
se vive la belleza y alegría
que con su alma la distingue el ciego,
que aún de vista carente
tiene una gran visión,
viéndola con su mente
y con el corazón.
Victoria, lleva en su repertorio
recuerdos de su vida y travesía,
y arribando así al consistorio
que hoy solemos llamar alcaldía,
detiene el caminar,
pues del otro lado,
se escucha el mensaje del orbe religioso
que desde el púlpito recita el prelado
llamando a la paz, armonía y reposo.
Mientras, yo agradezco a la Madre Natura
de permitirme grabar en mi memoria,
el disfrute de tan dulce aventura
de pasear por la calle Victoria.

XV

La calle más ancha es la Concordia.
!Que nombre tan virtuoso en contenido!
Que distante se ve de la discordia.
¿Qué mente soñadora lo ha escogido?
¡Que nombre tan solaz, con tanta gloria!

En verdad ¿quién habrá sido?
¿En qué estaría pensando?
¿Qué hemisferio del cerebro lo inspiró?
¿En qué momento del día cavilando
le llegó a su mente y lo suspiró?
Quizás fue un arrullo
de su pensamiento,
tal vez un murmullo,
un soplo del viento.

XVI

Otra calle en virtud catalogada
rodaje que en el ayer tuvo su día,
fue la Hospital, identidad cambiada
que transitamos como una alegoría.
Ante la muerte súbita, inesperada,
víctima de una guerra, sucia, fría,
desatada por gobiernos despiadados
enviando sus hijos a la guerra,
a matarse con sus odios inventados
corriendo la sangre en torrentes por la tie-
rra.
Sangre de tantos jóvenes lajeños
enlistándose al servicio tan ufanos,
y en una lucha fratricida, vano empeño,
contra otros pueblos, humildes, lejanos
que también persiguen sueños,
y son nuestros hermanos.
Se matan sin piedad, pena ni gloria
invasores, mercenarios, lugareños,
haciendo con su hecatombe nueva historia.

Regresan, si regresan, agobiados
con partes de sus cuerpos desmembradas
arrepentidos, temblorosos, cansados,
viviendo con sus mentes destrozadas.
Como humano acto de reconocimiento
a estos jóvenes, víctimas de la guerra,
sumidos en total sentimiento
aún con la duda que la mente encierra,
honramos la memoria del infortunado,
obsequiándole un breve presente,
en un consenso predeterminado,
y reunida del pueblo su gente
con un gesto de amor transcendental.
Como es costumbre
a la calle Hospital,
le cambiamos el nombre.
Con tristeza y un hondo pesar
a paso lento e inseguro,
por donde ayer fue la calle Hospital
cabizbajo y agobiado, deambulo.

XVII

La calle Rosario y la Santa Mónica
son dos calles recién bautizadas,
que tendrán su resonancia histórica,
según sus proezas sean acumuladas.
Pero forman parte de este corolario
siguiendo la tradición y la tónica,
siendo bautizada la una Rosario
y por consiguiente, la otra Santa Mónica.
Ambas son hermanas de esta gestación

nacieron gemelas, en la misma fecha,
están abrazadas a la calle Unión,
componen un huerto de nueva cosecha.
La Rosario mira al Sur
majestuosa, recamada,
Santa Mónica hacia el Norte
es querida y admirada.

XVIII

Todas estas estampas aquí narradas
vividas con mi alma y sentimiento,
en tu corazón las llevas albergadas
porque tú, en tu cabal discernimiento,
le has dado una llorada
y las estás sufriendo.
Muy especialmente,
si la diáspora te mantiene alejado
y te encuentras de Lajas ausente.
De tu Lajas que no has olvidado
que te llama con voz elocuente
y aunque vuelvas ya viejo y cansado,
regresa, camina y di presente.
Ya que este pueblo que te vio nacer
no se conformará si no volvieras.
En cambio, si te volviese a ver
si sintiera tus pisadas por doquiera,
desde lo más profundo de su ser
con flores de su eterna primavera
él te recibiría,
con gozo a plenitud
y hasta te abrazaría,

porque aquí la virtud
no solo radica en el nombre de sus calles,
también en su gente amiga y vecina
en los fértiles collados, en el valle,
en las nubes que circundan las Colinas,
en la brisa con su suave olor,
oliendo a campiña
con grato sabor.
Sabor que le mete el campesino
que sobre su tierra sueña,
y afina su tino
y ahí mismo la preña.
Y pasado el tiempo con su devenir
la tierra del campo bermeja o trigueña,
abre su pestaña y empieza parir.
Es tan mayestático el proceso
tan emocionante en su sentir
que el labriego lleno de embeleso
cosecha su fruto, ríe, llora, reza,
lo toma en su mano
lo lleva a la mesa.
Estas son estampas que aún en Lajas viven
que tú cuando niño solías admirar,
y aunque pocos predios se cultiven
en tu mente adulta te hacen suspirar.
Y vas recordando cuando te marchaste
que tarde o temprano querías regresar,
más el tiempo impío marcó su contraste
te cegó tu mente, te impidió pensar.
Ahogado en tristeza allá te quedaste
esperando que algo te haga recordar,
los días pasados de niños felices
corriendo descalzo bajo el aguacero,

en donde plantaste todas tus raíces
y también viviste tu sentir primero.
Pero el tiempo pasa cual triste quimera
y el frio del norte te va doblegando,
te cala los huesos, y te desespera
te jode la vida,
te va marchitando.
y vas recordando, la mente no olvida
llegan los recuerdos en donde viviste,
a aquellos parajes de vida tranquila
y quieres volver a donde naciste.

SILVAS

I

Lajas, esculpido por el hombre y natura
y por mujeres con alma de ensueño,
empapadas de amor y dulzura
con sus rostros de sentir risueño,
enmarcando de historia y cultura
los designios del pueblo lajeño.
De amores y cantares siempre llena
pletórica de vida y esperanza,
dulcísima cual miel de la colmena
con sus rayos de luz y bienandanza.
Iluminando al cansado peregrino
que, atraído por tu gracia y tu belleza,
escogió este camino
y por naturaleza,
se asentó en este Valle fascinante.
Donde pica la brisa placentera,
en las colinas que van al Culminante;
con el mar que acaricia La Parguera,
y su Bahía de aguas luminiscentes
de día cristalinas
de noche floreando con su luz intermitente,
parpadeando como las estrellas
colgando del vasto firmamento,
rutilantes, danzantes todas ellas.
Cual luciérnagas alumbrando tu momento,
que inspiran, y el alma te relajas
y sientes la alegría
de vivir en Lajas.
Pueblo donde reina la armonía
con parajes y riquezas eternales,
sus campos de grata lozanía

riachuelos, correntías, quebradas,
magas rumorosas, vestidas de fiesta,
al cielo elevadas
sus ramas enhiestas.
Los flamboyanes ruborosos alfombrando...
el suelo del Valle y de la Sierra
con sus flores caídas adornando,
de carmesí la tierra.
Engalanada, con pétalos cubierta
luciendo su belleza y hermosura
que al alma engrandece y despierta
recreando su grata galanura.
De mujeres blancas, mulatas, trigueñas,
cuan ninfas hermosas, castas, nobles, pu-
ras,
dignas de llamarse doncellas lajeñas
con sus sonrisas brindando ternura.
Pintada con alboradas matinales,
por los dorados pinceles del sol
sobre un lienzo de piñas celestiales,
reflejando un destello tornasol.
De gráciles y finas pinceladas
plasmadas por la mano del artista,
deslizando suaves arreboladas
que enloquecen y enajenan a la vista
del que mira, y solo ve un sueño,
y el corazón palpita
en el pueblo lajeño.

II

Lajas, tienes tantos buenos maestros
brindándonos el pan de la enseñanza,
preparados, listos, capaces, diestros,
educando con fe y con esperanza
para que, en el futuro nuestro,
sigamos la bonanza.
Como ha sido y será la tradición
de tus maestros brindarte cada día,
la buena educación
con plena sabiduría.
Como flecha que señala el camino
hacia los manantiales,
que rumorosos forjan tu destino
con ciencias a caudales.
Y libros siempre abiertos
con sus páginas bañadas del saber,
ilustrando los jóvenes talentos
con ansias de educarse y aprender,
para que en el futuro no lejano
enfilen su capacidad y empeño
y unidos como hermanos,
hagamos valer este pueblo lajeño.
Como lo hicieron nuestros antepasados
quienes, con tesón y gallardía,
siempre dispuestos y el corazón templado
lucharon por la idea que los unía,
y aunque el batallón tuvo sus bajas
jamás desistieron de la idea,
de fundar nuestro pueblo de Lajas
que por tanto tiempo fue una aldea.
Educadores con pensamientos nobles,

campesinos afanosos, con decoro
humildes, castos, pobres,
con sentimientos que valen más que el oro,
hicieron el triunfo irreversible
plasmado en los anales de la historia,
con su verbo de letra indeleble
rotunda la victoria.
Marcando los linderos de un sueño
de hombres y mujeres
de corazón lajeño,
mostrando la corona de laureles
según el tiempo nos abre la brecha,
para que todos, nosotros y ustedes
prosigamos sin olvidar la fecha,
de aquel cálido verano
viviente en la memoria,
un primero juliano
afirmando la historia.

Lajas, tus edificios no acarician las nubes,
ni tienes torres que rascan los cielos,
ni estatuas de reinas, reyes, ni querubes,
ni sueños de andantes caballeros,
ni castillos de épocas medievales,
con paredes vetustas, sin consuelo.
No ostentas la corona de un monarca,
ni con juglares que canten tu historia,
ni sueños de grandeza, traías en tu barca,
ni batallones que lucharan por tu gloria
y al final del combate,
alcanzaran la victoria.
Lajas, mi Lajas, sin embargo,
tienes tantos hijos nacidos en tu cuna
hijos que beberían el trago amargo,
de consagrar sus vidas una a una,
para que no sucumbas al letargo
de aquellos pueblos muertos, sin cultura
que dormitan a orillas del camino
con la esperanza, si les queda alguna,
de encontrarse con un mejor destino
resurgiendo de la niebla y de la bruma.
Por eso eres tan rica sin tener nada
más rica que opulentas ciudades,
que se derruyen de manera condenada
sufriendo las desdichas de sus calamida-
des.
Navegando en el frio de su inconsciencia
por el hecho de creer que tienen todo,
todo lo que les brinda la opulencia
sin embargo, musitan en el lodo.

Porque no les importan los hermanos
que deambulan por sus calles y zaguanes,
en la espera de que otro ser "humano"
los saque de sus angustias y sus males.
Es que son tantos, viviendo apretujados
tan juntos, pero ni se conocen,
caminando codo con codo, empujados,
sin poder evitar el desprecio y el roce.
El roce en las aceras, do camina el dolor
al calor del verano, o al frio de la nevada,
en las metrópolis, como en la Nueva York
donde hay tantos que no tienen nada,
y tan pocos gozando de todo y lo mejor.
Por eso, Lajas mía,
de ensueños celestiales,
disfruta la alegría
aun sin suntuosidades.
Disfruta la armonía de tu apacible calma
sin buscar el ejemplo en aquellas ciudades,
que viven la lujuria, pero sin tener alma.
Mantente así, pequeña, tranquila, casta,
pura,
adornada con piñas y orégano del monte,
con tus pequeñas cosas, tu historia y tu
cultura,
al compás del trinar que te brinda el sin-
sonte.
Mantén siempre el orgullo,
que nunca te rebaja.
¡Así es te queremos,
así te amamos, Lajas¡

IV

Lajas, Ciudad Cardenalicia
con sus mágicos ribetes Monseñoriales,
el poeta te brinda con delicia
sus dísticas odas celestiales,
dándote con su verso la caricia
llena de bendiciones eternales.
Y la gracia de un cielo azulado
de mágicos destellos diamantinos,
con nubes decorado,
vibrante y cristalino.
Un siglo de bullente evolución
va marcando tu ruta, tu sendero,
y sigue tu embrión en gestación
asomando su carita de lucero,
como una bendición
desprendida del cielo.
Un cielo que de día te da lumbre
y en las noches te cubre de estrellas,
para que sigas tu viaje de costumbre
guiada por el fulgor de todas ellas,
titilando temblorosas, rutilantes
bailando a los vaivenes del viento,
gozosas cuan briosos rocinantes
piafando desde el vasto firmamento.

V

Lajas, capital de la cultura borinqueña
tesoro de vívidas grandezas,
casta, pura, sencilla y halagüeña
paladina de grandes proezas,
con tus hijos que son adorables
tesoros de humanas riquezas,
luchadores incansables
defendiendo tus bellezas.
Que exhibes con orgullo por doquiera
en tus montes, colinas y llanuras,
Palmarejo, La Plata, La Parguera
barrios hijos que son una dulzura
con sabor a miel de los panales
cosechadas por manos campesinas,
entre rocas y breñales,
por collados y colinas.

Calle Concordia, foto suministrada por
Ángel "Gueo" Sepúlveda.

OCTAVA

Octava a Lajas

Lajas, Ciudad de mágico esplendor
lucero de radiante lozanía,
lanzando al cosmos tu brillante fulgor
esparciendo en el espacio tu armonía,
como ondina de pureza y candor
en acordes de grata sinfonía.
Óleo de amor, de verde pincelada
hechizante, virtuosa, enamorada.

Azul de amor, de errante estrella
acuarela de luz, radiante y pura,
circuida de virtud, amante y bella
encanto divinal, toda dulzura.
Más pura que inocente doncella
más bella que la Madre Natura,
de sonrisa sutil y embriagadora
delirante, sublime, encantadora.

Resplandor celestial, bello lucero
colorido febril de la alborada,
melodía de amor del cancionero
inspiración de rítmica tonada.
Tú me has enamorado y yo te quiero
y tú también estás enamorada.
Ciudad Cardenalicia, fascinante
de mágica alborada, deslumbrante.

Prendida de mi corazón lajeño
va tu imagen y tu suave fragancia,
y yo de corazón contigo sueño
prendado de tu magnánima elegancia.

Sintiendo en verdad que soy tu dueño
admirando tu arrobante prestancia,
elevándome en viaje a las alturas
flotando entre caricias y ternuras.

En mis sueños siento que me levanto
pensando que has dejado de quererme,
y mis ojos irrumpen en el llanto
porque los tuyos ya no quieren verme.
Apoderándose de mi alma el quebranto
al pensar que no quieres tenerme.
Entonces, grito al cielo que no es cierto,
y en un mar de tristezas me despierto.

Tristeza convertida en alegría,
remordimiento que se va atenuando,
tú me sigues queriendo todavía
y yo también, a ti te estoy amando.
Cariño que aumenta cada día
sentimiento que nos va extasiando.
Mi querer proviene de lo humano
el tuyo emana, del pueblo soberano.

Amar al pueblo donde se nace
sentir el placer de admirarlo,
es solo el comienzo de una fase
que culmina siempre en adorarlo.
Especialmente si percibes el enlace
que aun en la distancia, te hace recordarlo
y quieres en tu pecho retenerlo,
no queriendo morir sin volver a verlo.

Por eso estoy en mi guariquitén

culminando mi anhelado sueño
en el pueblo de mi bella Boriquén
donde solía jugar de pequeño
sintiendo en mi hamaca el vaivén
con corazón y alma de lajeño.
Aspirando hasta el último sorbo
antes de que mi cuerpo, regrese al polvo.

SONETOS

A Lajas

El bardo que te canta en este día
lo hace con la intención de consagrarte,
y con su musa, libre demostrarte
el inmenso cariño que lo guía.

Escucha con amor la copla mía
de tal manera que puedas recrearte,
ya que nunca, en ninguna otra parte
otro cantor así te cantaría.

Te canta con voz de enamorado
que emana de su profundo corazón,
con el cariño tierno, anhelado,

entregándote su amor sin condición.
Para ti, Lajas, querido pueblo amado
este bardo te brinda su canción.

Centenario

Orgulloso contemplo el calendario
que señala tu curso y travesía,
y en alas del amor y la poesía
admírote celebrando el centenario.

Enhorabuena, tu cien aniversario
recamado de orgullo en demasía,
gozando del cariño y pleitesía
que te brindan tus hijos a diario.

Cien años de humana trayectoria
regalando al pueblo tus bellezas,
reluciendo tu magnánima historia

colmada de triunfos y grandezas,
de bellos sortilegios y de gloria,
encumbrada de soñadas riquezas.

Cantares

Contemplo de mi pueblo la alegría
musical, entonante, arrobadora,
y admírola surgir elevadora
canturreando una bella melodía.

Escucho de su coro la armonía
con su timbre de voz encantadora,
ensueño de la musa trovadora
con su arpegio de vibrante lozanía.

Secuencias de notas armoniosas
que se acoplan para formar cantares,
con voces argentinas, cadenciosas,

bullidoras, de alegres despertares
entonando en las noches silenciosas
sus coplas y ritmos singulares.

Lajas del ayer

Hubo tiempos que la espiga del maizal
arropaba toda la llanura,
y la guajana enseñoreaba su blancura
coronando todo el cañaveral.

En el monte reinaba el pedregal
y las lajas eran la roca dura,
dormitando en la umbría espesura
conformando un bello madrigal.

Hoy tan solo nos queda recordar
momentos de tiempos vividos,
que nuestra mente hace perdurar,

para que no sucumban al olvido,
que nos trae el "progreso" en su rodar
relegando aquellos tiempos idos.

Homenaje al fundador

Las evidencias muy claras están,
del que fue de nuestro pueblo el promotor,
rindamos pues, homenaje al fundador,
a Don Teodoro Jácome Pagán.

Con gran entusiasmo y mucho afán
otorguémosle al merecedor,
reconociéndole como el donador
de los terrenos donde hoy están,

las calles y estructuras que a diario
admiramos para nuestra gloria,
y festejemos el aniversario

definiendo el valor de la historia,
marcando el compás del corolario
que llevamos grabado en la memoria.

Don Juan Cancio Ortiz

Dedicó toda su vida al servicio
de Lajas, pueblo donde nació,
donde jugó de niño y creció
fuera de la maldad y el vicio.

Supo ser nuestro gran gentilicio
filántropo que al pueblo se dedicó,
y en el Barrio Palmarejo edificó
la escuela de artes y oficios.

Una escuela que por ende compete
desarrollar el arte, con la agricultura,
y en el año mil novecientos siete,

abrió sus puertas la magna estructura.
Donde el precoz estudiantado arremete
aprendiendo la ciencia de cada asignatura.

Cincuentenario

Medio siglo gestando la cultura
delineando su curso en la historia,
rememorando momentos de gloria
establecidos con firmeza y donosura.

Lazos de sentimiento y de ternura
traen recuerdos que guarda la memoria,
desglosando victoria tras victoria
cada triunfo batallado en la aventura.

Cincuenta años de larga travesía
por el camino que la vida va trazando,
una ruta azarosa en demasía.

Pero firme según vamos avanzando
por senderos del amor y la poesía
en nuestra bella gestión, culturizando.

Logo del Centro Cultural

El Centro Cultural

Nació de la visión de unos amigos
reunidos en consenso natural,
ideando de manera estructural
lo que en su mente traían consigo.

Pidiéronle al pueblo su abrigo
aprobación y apoyo espiritual,
y crearon el Centro Cultural
siendo de la historia testigo.

Aprobado por el pueblo y su grey
dio comienzo su gesta de gloria,
en mil novecientos sesenta y seis

fecha que graba la memoria,
cuando aquellos hermanos del batey
escribieron otro capítulo de historia.

Logo de Surcando la Historia

Surcando La Historia

¿Cómo nació Surcando La Historia?
La alumbró aquel grupo lajeño,
con la idea de realizar el sueño
que venían gestando en su memoria.

Con inmenso tesón y mucha gloria,
como lo hace el jíbaro borinqueño,
aunando su voluntad y empeño
impulsados por su fuerza notoria.

Dejando en su gente una huella
que brillará con el fulgor del día,
y en las noches como errante estrella.

Reflejando su radiante lozanía
sin que medie discordia ni querella,
ilustrando al pueblo con sabiduría.

La Laguna Cartagena

De mansas aguas, claras y apacibles
silenciosas, tranquilas, serenas,
así es nuestra Laguna Cartagena
refrescante, placentera, sensible.

Circuida de eneas, haciendo posible
el hogar y amparo de la fauna amena,
en noches se arropa de luna llena
de día la acaricia el sol intangible.

Refugio ideal de aves silvestres
que vienen de lejos para allí anidar,
compartiendo el sitio con extraterrestres

que agitan las aguas en su acuatizar
formando colonias de vida campestre,
aves y alienígenas comparten su hogar.

Monte del Orégano

Se observa majestuoso en la distancia
con breñales encrespados, cual océano,
así se posa el Monte Del Orégano
con su arrogante soberbia y elegancia.

Esparciendo por el cosmos su aromancia
deleitable al sensible olfato humano,
flotando con poder de soberano
con su imponente garbó y magna presen-
cia.

Demostrando al universo su grandeza
su poder y su belleza se agiganta,
enarbolando un sumario de riqueza

enseñoreando su hermosura se levanta.
Suavizando el pensil de la maleza,
la montaña oreganada al cielo canta.

**Bahía Luminiscente. Foto suministrada por
Ángel "Gueo" Sepúlveda.**

Bahía Luminiscente

Encanto natural de La Parguera
deleite que extasía al visitante,
con resplandores vibrando rutilantes
bullidora, galante y parlera.

Admirable, agradable, placentera,
de mágicos fulgores fascinantes,
con sus flagelados bioluminiscentes
en noches de apacible primavera.

Como acordes de suave melodía
sonando deleitables al oído,
a la sazón de una bella poesía

que extasía y enajena los sentidos,
así es en La Parguera La Bahía
cual luceros brillando encendidos.

**La Ceiba Acostada. Foto suministrada por
Ángel "Gueo" Sepúlveda.**

La Ceiba Acostada

En mil novecientos veintiocho
el día trece del mes septembrino,
el huracán San Felipe en su camino
tumbó el árbol, dejándolo mocho.

No obstante, el aciago hecho
la historia no marcaba su sino,
y aunque estar acostada es su destino
de vivir no perdió su derecho.

Prevaleciendo con brava estoicidad
sobre el poder de la Madre Natura
demostrando ante la adversidad,

que no hay fuerza que doblegue la bravura
del que lucha con tenacidad,
con determinación, ahínco y fe pura.

La Ermita San José. Foto suministrada por Ángel "Gueo" Sepúlveda.

La Ermita

Construida con la piedra vetusta
en una apacible y umbría lomita,
los fieles levantaron la Ermita
consagrándola de manera augusta.

Entendían que era una causa justa
venerable, sincera, bonita,
y en aquella montaña bendita
con fervor erigieron La Gruta.

Decididos y unidos por la fe
que en aquellos tiempos permeaba,
padeciendo del dinero, la escases.

piedra por piedra, la Ermita se elevaba
finalmente la llamaron San José,
hoy tristemente está abandonada.

El Valle

Es una amplia y bellísima llanura
que se extiende radiante, fértil, bella,
hermosa como el latir de errante estrella
invitando a promover la agricultura.

Se entrega con primor y con dulzura
al filo del arado cual doncella,
y se siente vibrante toda ella
brindando su producto y galanura.

En las mañanas se viste de neblina
que se va disipando, según el sol avanza,
así se le esfuma la cortina,

ampliando su magnánima elegancia,
presentando su misterio, prenda fina.
Flotante en el espacio y la distancia.

El Valle y la Sierra Bermeja.
Ilustración cedida por Maritza Luciano.

La Sierra Bermeja

Al sur de nuestro Lajas viviente
se halla nuestra Bermeja Sierra,
como guerrillera, su rodilla en tierra
acechando el peligro constante.

Como guardia de honor, vigilante
como el soldado que nunca yerra,
dispuesta a lanzarse a la guerra
contra cualquier peligro amenazante.

Tiene al rayo como arma centelleante
al trueno como bomba explosiva,
y en sus sueños de caballero andante,

trae al viento con su fuerza masiva.
Que montados sobre su rocinante
son de Lajas baluarte defensiva.

A Sarita

Rebosante de alegría verdadera
del vívido color de una margarita,
así era la sonrisa de nuestra Sarita
reluciendo cual frescor de primavera.

Amable, sencilla, galana, sincera,
de encantos divinos y el alma bendita,
sagrada, hechizante, afable, bonita,
como una alborada de luz placentera.

De encantos y sueños, henchida de amores
más hermosa que el azul del firmamento,
radiante como los bellos resplandores

que alumbraron su casto pensamiento,
reflejando del iris los bellos colores
que traía heredados desde el nacimiento.

La Piña Cabezona

Nuestros campos se adornan con piñales
que siembra el labriego en la campiña,
recamados con el fruto de la piña
aromatizada, de encantos celestiales.

Así como en el Valle, crecen los arrozales
y en el Monte Del Parra, se cultivó la viña,
el campesino de Candelaria escudriña
como producir sus mejores ejemplares.

Aplicando en su momento alguna hormona
haciéndola crecer sana y jugosa,
como crecen todas en esa zona,

deslumbrante, de maya esplendorosa,
que le dio el nombre de Piña Cabezona
y la dotó de su dulzura primorosa.

La Estación Experimental

Nuestra gran Estación Experimental
majestuosa en el Valle palpita,
y con su vibrante latir nos invita
desde Palmarejo, punto occidental,

con la clara transparencia del cendal
a revivir toda la flora marchita,
cultivando esta tierra tan bendita
productiva, fértil, monumental.

Que hagamos de ella un madrigal
formado de cultivos con empeño
cubriendo con espigas el trigal

para regocijo de todo borinqueño.
Desde Lajas, pueblo del pedregal
La Estación, es orgullo lajeño.

DÉCIMAS

El Himno

El Himno es como la sangre
que corre por nuestras venas,
jubilosas, siempre llenas
zumbando como un enjambre.
Es en la flor el estambre,
en el alma un sentimiento,
en la mente un pensamiento
y en la cabeza una aureola,
es sentir a don Hernán ''Rola''
lleno de agradecimiento.

La Bandera de Lajas

La Bandera

Ver flotar nuestra Bandera
luciendo sus once estrellas,
rutilantes todas ellas
le alegra el alma a cualquiera.
Es sentir una quimera
y en mi corazón yo puedo,
permitirme entrar al ruedo
que me causa esta emoción,
cuando observo la creación
de Maritza y Sigifredo.

El Escudo de Lajas

El Escudo

Nuestro Escudo fue creado
para un pueblo ya maduro,
que nos lleva hacia el futuro
sin olvidar el pasado.
Es un valioso legado
de Roberto, un gran lajeño,
quien puso todo su empeño
solo para nuestra gloria,
enmarcando una victoria,
afirmando nuestro sueño.

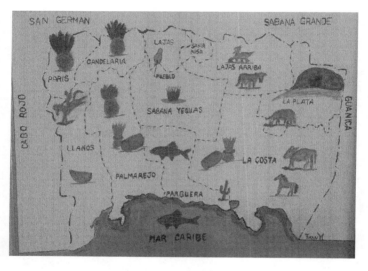

Mapa de Lajas, suministrado por
Ángel "Gueo" Sepúlveda.

Lajas

Se compone de once barrios
mi bello pueblo de Lajas,
a unos subes, a otros bajas
y observas sus vecindarios.
Todos muy hospitalarios
llenos de gran humildad,
y en cada comunidad
con cariño te reciben,
y con gran orgullo exhiben
respeto y cordialidad.

Barrios y Sectores

Llanos, Paris, Palmarejo,
Lajas Arriba, La Plata,
La Costa, Tokío, Porrata
La Parguera y Puerto Viejo.
Cañitas, Grant, Piñalejos,
Lajas, La Haya, El Corillo,
Papayo, Tendal, Jobillos,
Santa Rosa, La Cuchilla,
Candelaria y La Javilla,
Sabana Yeguas, Leoncillo.

Barrio Lajas

Cual diamante más precioso
de un cofre lleno de alhajas,
así es el Barrio Lajas
dignamente majestuoso.
Christian se siente orgulloso
altivo e impresionante,
recatados y elegantes
son La Haya y El Tokío,
que exhiben su lomerío
como sectores triunfantes.

Los Llanos

Llanos de magna belleza
filón bajado del monte,
abrazado al horizonte
con su profunda grandeza.
La madre naturaleza
te obsequió con sus deidades,
colmándote de bondades
de sol, de lluvia, de aire,
esparciendo tu donaire
de divinas claridades.

París

Un nombre con elegancia
en suelo puertorriqueño,
quizás, nacido lajeño,
tal vez, venido de Francia.
Con carácter e importancia
como todo lo de aquí,
zumbante cual colibrí
bullidero y armonioso,
París, encanto precioso
como el parlero coquí.

Palmarejo

Era soberbio el palmar
arropaba la llanura,
propiedad de aquellos curas
regidores del altar.
El grandioso cocotal
exhibía su cortejo,
reflejando con su dejo
sus alegrías y pesares,
plasmando con sus palmares
el nombre de Palmarejo.

Candelaria

De Juan Cancio fuiste cuna
de mi pueblo eres patrona,
y aun ostentas la corona
de reina como ninguna.
Así cuan brillante luna
que, bajo un cielo estrellado,
luces tu condecorado
con un sentido profundo,
Candelaria has dado al mundo
tu más hermoso legado.

Santa Rosa

Barrio de la Santa Rosa
pasado de tabacales,
y verdes cañaverales
de una época gloriosa.
Paraíso de gente hermosa
humildes, trabajadores.
maestros, agricultores
de sentimientos profundos,
brindando su amor al mundo
desde Lajas con primores.

Sabana Yeguas

Tempranito en la mañana
ya se puede ver a leguas,
al lindo Sabana Yeguas
galopando en la sabana.
Es como rosa temprana
que nos cubre con su aroma,
y Piedras Blancas se asoma
para verlo en su galope,
y cuando se sube al tope
a la cima de la loma.

Lajas Arriba

En la ciento diecisiete
Lajas Arriba te espera,
subes por la carretera
si vienes por el oeste.
Si es que viajas desde el este
también te estará esperando,
y te estará saludando,
si es que bajas por La Tea
no importa de dónde sea,
que vengas, tampoco cuando.

La Parguera

El pargo abundaba
cuando te encontró,
el que a ti llegó
buscando posada.
Un nombre buscaba
aquel lugareño,
que al sentirse dueño
en su villa pesquera,
la llamó Parguera
en suelo lajeño.

La Plata

El hombre, busca, camina,
y buscando se percata,
del destello de la plata,
así, descubre la mina.
Este hecho determina
con clara definición,
darle identificación
al sitio donde la hallaron
y La Plata le llamaron
a toda esa región.

La Costa

La Costa, lugar altivo,
algo agreste, caluroso,
lo baña el sol saleroso
cariñoso y compasivo.
El barrio tiene el motivo
de sentirse soberano,
y en su carácter ufano
su territorio se expande,
mostrando que es el más grande
de todos los once hermanos.

QUINTILLAS

Historiando el café lajeño

Plantas la cimiente, y nace la matita
producto bendito de aquel semillero,
que ha nacido frágil, tierna, pequeñita
y al cabo de un tiempo se ve tan bonita
gracias a la gracia de algún aguacero.

Bajo sombra y lluvia se le ve creciendo
alegre y lozana, de lindo semblante,
sus tiernas raíces se van estirando,
el verde follaje se la va extendiendo
esperando el día que llegue el trasplante.

En el monte, la tierra está labrada
esperando la mañana indicada,
que la lluvia le dé una mojada
para entonces comenzar la jornada,
donde la plántula es replantada.

Así va creciendo, lozana y hermosa
entre la arboleda de manso follaje,
creciendo tranquila, fuerte, vigorosa
como el cafetal que había en Santa Rosa
luciendo feliz su verde ramaje.

Se observa la planta, adulta, crecida,
entonces le brotan capullos de armiño,
que se abren al mundo y en su florecida
le sigue la uva, que recién nacida,
se entrega a la vida cual si fuera un niño.

Transcurrido un tiempo, la uva madura,

y empieza el proceso del recogido.
Un tanto tedioso, la tarea es dura.
El humilde obrero, canasta en cintura
lo va cosechando complacido.

Una vez termina la recolección
y el grano de su corteza es separado,
comienza el proceso de torrefacción
para terminar en celebración
una vez la uva procesada se ha tostado.

El último proceso de la Hacienda
para terminar con el deber cumplido,
es entonces, comenzar con la molienda,
para luego llevarlo a la tienda
donde será vendido.

Así llega al final del camino
lo que se cosechó con gran empeño,
a la alacena de algún campesino
concluyendo así su destino,
en el paladar de algún lajeño.

Momentos de alegría indescriptibles
se sienten temprano en la mañana,
cuando percibes el olor inconfundible
del aromático café apetecible
invitándote a salir de la cama.

Tú te quieres quedar descansando
acurrucadito, debajo de la sábana,
pero el aroma te sigue molestando
y poco a poco te vas levantando

atraído por el café que te llama.

Ya escuchas a tu doña cantando,
avistas del humito una estela,
es que la vieja ya lo está colando
y se ve el chorrito percolando
el viejo colador de tela.

Sorbo a sorbo, lo vas paladeando
calientito, humeante la tasa,
enajenado lo estás disfrutando,
mientras tu cuerpo... se va extasiando
con el café prieto, coladito en casa.

Homenaje a Piedras Blancas

Numen que estás perdido
vagando en otros mundos a deshora.
¡Regresa de tu olvido!
Vuelve a tu lugar, aquí ahora
y déjame escuchar tu voz sonora.

Ilumina mi pensamiento
tráeme por favor la clara lucidez,
que me de entendimiento.
Otórgame toda tu magna brillantez
permitiéndome pensar con sencillez.

Avívame la mente,
es que a Piedras Blancas quiero homena-
jear,
en este día presente.
Lugar donde de niño, comencé a balbucear
las palabras que hoy quiero expresar.

Allí nací
al comienzo de una linda primavera.
Sitio donde crecí
al amparo de mi madre verdadera,
quien me amó con cariño y fe sincera.

Vivía lleno de gozo,
rodeado de hermanas y hermanos
con un padre amoroso.
Corriendo y jugueteando muy ufanos,
de cuerpos y mentes siempre sanos.

A un lado era monte,
al otro, majestuoso, inmenso cañaveral,
todos en aquel horizonte.
Disfrutando la alegría de aquel lugar,
donde la vida era, jugar y más jugar.

Niñez abrumadora,
así era al despertar cada mañana,
de risas colmadora,
donde el frescor matinal de la sabana
nos daba en su flotar olor de grana.

Era un nido de paz
al cuidado de padres adoradores,
relajante y solaz,
como cantos de alegres ruiseñores
vigilando sus polluelos con amores.

Así fuimos creciendo,
con encantos miles, sutiles, amorosos,
e íbamos adquiriendo
educación con cariños deliciosos
de los viejos, que nos veían gozosos.

Siempre alborotando,
pletóricos de amor y algarabía
y despiertos soñando,
con las cosas que el presente nos tendía,
placenteras de arrobante lozanía.

La envidia y la maldad
no cabían en nuestra alma de niño.
Solo la realidad,

mostrándose blanca como el armiño
colmada de bondad, amor, cariño.

Piedras Blancas querida
aquello era una selva de silencio,
galante y colorida,
perfumada con aromas de incienso.
Así yo te recuerdo, así te pienso.

El tiempo iba pasando,
con su inexorable reloj de arena
y nos iba llevando,
sacándonos de aquella vida buena.
Vida con su matiz de alma serena.

Que en el diario vivir,
nos va guiando por senderos demarcados,
cambiándonos el sentir,
pasándonos del monte a otros lados
con sus prefijos ya determinados.

Borrando la inocencia,
que la vida otorga en sus comienzos
sin adiós y sin clemencia.
Desdibujando los colores en el lienzo
del soñar y del querer, así yo pienso.

Por fin la adolescencia,
cambiando el sentir y el pensamiento,
y como consecuencia,
surge en el corazón un nuevo sentimiento
que nos va impulsando en las alas del
viento.

Por rumbos diferentes
haciéndonos olvidar los tiempos idos,
conociendo otras gentes,
que por tanto tiempo fueron desconocidos,
arrojando la niñez al frio sótano del olvido.

Hoy te recuerdo,
querido Piedras Blancas, mi humilde cuna,
en mi mente me pierdo.
Desde tu seno yo miraba la luna
aquella que, de niño, brilló como ninguna.

Hoy, estoy viejo y cansado,
aun así, todavía me las paso soñando
hurgando en el pasado,
es que sigo en mi mente añorando
lo que el tiempo en su correr me fue extra-
viando.

Mis muchas canas,
con los años, mis sienes han plateado
y se quiebran mis ganas.
Aquellas que con bríos viví de enamorado
sin embargo, no estoy apesadumbrado.

Con poca fragancia,
sintiendo el caminar un poco lerdo
no mido la distancia,
prosigo con el impulso del recuerdo
y el amor por vivir, nunca lo pierdo.

La vida no perdona,
y el tiempo poco a poco nos va arrinco-
nando,
nos achica la zona,
mas con su enorme peso, nos va doble-
gando
así a la niñez, nos vemos regresando.

Primero el pensamiento,
que nunca en su correr ha descansado,
nos crea el sentimiento,
de aquel ayer que no hemos olvidado
y en alas del recuerdo, volvemos al pasado.

Ya llegará el momento
en que yo también, sé que seré olvidado,
pero en tu pensamiento,
tu mente en bandolera te llevará al pasado
recordando tu niñez, donde habías comen-
zado.

En tu mente vivaz,
También, rendirás breve homenaje
de manera fugaz
al lugar donde comenzó el bagaje,
que aun sigues cargando en tu equipaje.

Hasta algún día
amado Piedras Blancas, Sector donde nací.
Tristezas y alegrías
se habían acumulado, donde viví y crecí.
Hoy, mi postrero adiós, te lo dedico a ti.

**Estación Campo, c. 1950. Foto suministrada por
Surcando la Historia, Inc.**

SEXTILLAS

Lajas Pueblo

Sus virtuosas calles
son esplendorosas,
de vivos detalles,
de gentes hermosas,
luciendo preciosas
sus virtuosas calles.

Barrio Lajas

Estando en el Barrio Lajas
por un sendero de mayas
me hallé con el Cardenal,
allá en el sector La Haya
y pudimos conversar,
estando en el Barrio Lajas.

Sabana Yeguas

Yo nací en Sabana Yeguas
en la falda de una loma,
donde se escuchaba a leguas
el cantar de la paloma.
Respirando aquel aroma
yo nací en Sabana Yeguas.

Paris

Mientras por Paris camino
al nacer de la mañana,
guiado por mi destino
en aquella hora temprana,
me saluda la sabana
mientras por Paris camino.

Los Llanos

¡Que lindos se ven Los Llanos!
rebosantes de hermosura,
diamantinos y lozanos.
Con tan inmensa llanura
y su grata galanura,
¡que lindos se ven Los Llanos!

Candelaria

En el Barrio Candelaria
se divisan los turpiales,
pitirres y ruiseñores,
y otros pájaros cantores
anidando en los piñales,
en el Barrio Candelaria.

Palmarejo

En visita a Palmarejo
pasé por sus arrozales
de diamantinos reflejos.
Relucientes como espejos
pude observar los piñales,
en visita a Palmarejo.

La Parguera

En aguas de La Parguera
La Bahía Fosforescente,
nos presenta su atractivo.
Un ser, diminuto, vivo,
de un resplandor reluciente,
en aguas de La Parguera.

Santa Rosa

Al pasar por Santa Rosa
pude apreciar sus encantos,
sus lindas divinidades
y gratas cordialidades,
con las que me honraron tantos,
al pasar por Santa Rosa.

Lajas Arriba

Estando en Lajas Arriba
conocí chicas hermosas,
con sonrisas diamantinas
y miradas tan divinas,
que me llamaban gozosas,
estando en Lajas Arriba.

La Plata

Allá en el Barrio La Plata
es donde estoy radicado.
Allí abundaba la plata
pero eso fue en el pasado,
y ya lo hemos olvidado
allá en el Barrio La Plata.

La Costa

La Costa se nos presenta
muy árida en su elemento,
y su aridez se acrecienta
por lo cálido del viento.
Agreste en todo momento
La Costa se nos presenta.

NOTAS

Bandera

La Bandera de Lajas, fue diseñada por los pintores lajeños: Señorita Maritza Luciano Vargas, y el Señor Don Sigifredo Irizarry Tomei. La misma fue aprobada por la Asamblea Municipal, el día lunes 3 de septiembre del año 1982.

Escudo

El Escudo fue diseñado por el pintor lajeño, Señor Don Roberto Irizarry Morales. Fue aprobado por el entonces alcalde, Enrique Ortiz Ortiz en el año de 1975.

Himno

El Himno de Lajas, fue compuesto por el Señor, Don José Hernán Ortiz Noriega. Fue aprobado por el entonces alcalde, Walter Vélez Ramírez, el 5 de julio de 1985.

Oda

Composición poética, que admite asuntos diferentes en variados tonos y formas.

Silva

Combinación métrica, en la que alternan los versos endecasílabos con los heptasílabos.

Octava

Combinación métrica de ocho versos endecasílabos, en los cuales riman entre sí, el primero, tercero y quinto, el segundo, cuarto y sexto, y el séptimo con el octavo.

Soneto

Composición poética de catorce versos, distribuidos en dos cuartetas y dos tercetas.

Quintilla

Composición de cinco versos con dos diferentes consonancias.

Composición de cinco versos de cualquier medida con dos diferentes consonantes

Sextilla

Combinación métrica de seis versos de arte menor acompasantados.

Décimas

Composición métrica de diez versos octosíla-
bos donde riman los versos primero, cuarto
y quinto; el segundo y tercero, sexto, séptimo
y décimo; y el octavo con el noveno.

GLOSARIO

Argentinas: que suena como la plata. Con voces argentinas cadenciosas.

Abrumadora: llena de emoción. Niñez abrumadora, así era al despertar cada mañana.

Alhajas: prendas, joyería. Cual diamante más precioso de un cofre lleno de alhajas.

Admirola: admirar. Admirola surgir elevadora.

Algarabía: bullicio, niños jugando, mucha gente hablando, gritería. Pletóricos de amor y algarabía.

Alborada: temprano en la mañana. Colorido febril de la alborada.

Alegoría: ficción, significar una cosa por otra. Que transitamos como una alegoría.

Arpegio: sucesión de sonidos en acorde. Con su arpegio de vibrante lozanía.

Arrebolada: nubes enrojecidas por los rayos del sol. Y la arrebolada mágica lucía.

Aromancia: aroma, calidad de aromático. Esparciendo por el cosmos su aromancia.

Arrobadora: arrobarse, quedar fuera de sí. ¿Qué imágenes del tiempo y de la vida, se recrearon en su mente arrobadora?

Armiño: color blanco. Entonces le brotan capullos de armiño.

Augusta: que infunde y merece respeto. Consagrándola de manera augusta.

Bardo: poeta. El bardo que te canta en este día.

Balbucear: pronunciación dificultosa. En el poema quiero decir, aprendiendo a hablar.

Batey: cualquier patio. Mientras voy llegando al batey.

Bandolera: de forma atrevida. Tu mente en bandolera te llevará al pasado.

Breñales: maleza. Entre rocas y breñales.

Brizna: fibras de niebla muy finas. Del valle apreciabase la brizna.

Bullanguero: alegre revoltoso. Encanto bullanguero pajaril.

Bullidora: bullicio, moverse con viveza. Bullidora, galante, parlera.

Canonizado: declarado solemnemente santo. De este santo señor canonizado, llamándola San Blas.

Canturreando: cantar a media voz. Canturreando una bella melodía.

Carmesí: color rojo. Con sus flores caídas adornando de carmesí la tierra.

Castas: puras. Cuan ninfas hermosas, nobles, castas, puras.

Celestiales: perteneciente al cielo. Aromatizada, de encantos celestiales.

Cellisca: llovizna menuda. El rostro me humedece la cellisca.

Cendal: tela de seda transparente. Con la clara transparencia del cendal.

Colmadora: abundancia de alegría. De risas colmadora.

Collados: colinas poco elevadas. Entre rocas y breñales, por collados y colinas.

Consistorio: ayuntamiento, alcaldía. Llegando al consistorio, que hoy solemos llamar alcaldía.

Copla: composición poética. Escucha por favor la copla mía.

Corceles: caballos briosos ligeros. Traídas en corceles alados del vasto horizonte.

Corolario: proposición que se deduce de lo demostrado. Pero forman parte de este corolario. La calle Rosario y la Santa Mónica.

Cortejo: finesa, agasajo. El grandioso cocotal, exhibía su cortejo.

Correntío: movimiento rápido del agua. Veo la lluvia lanzar su correntío.

Dejo: placer o disgusto. Reflejando con su dejo, sus alegrías y pesares.

Demasía: mucho, demasiado. Recamado de orgullo en demasía.

Derruyen: destruido, arruinado. Que se derruyen de manera condenada.

Do: donde. El roce en las aceras, do camina el dolor.

Donaire: discreción, gracia. Esparciendo su donaire de divinas claridades.

Donosura: donaire, gracia. Que, en la voz de sus hijos amorosos, fieles a su cultura, pletóricos de gozo, son una donosura.

Diamantinos: de diamante, brilloso, ¡Que lindos se ven los Llanos! Rebosantes de hermosura, diamantinos y lozanos.

Dísticas: composición poética a dos versos. El poeta te brinda con delicia, sus dísticas odas celestiales.

Divisase: distinguir. Desde el monte divisase la viña.

Encumbrada: elevada, engrandecida. Encumbrada de soñadas riquezas.

Enarbolante: enarbolada. Bandera, o cosa flotando. Elegir un nombre tan enarbolante.

Enseñoreando: señora y dueña. Enseñoreando su hermosura se levanta.

Enhiestas: levantadas. Ramas enhiestas.

Errante: vagar de un lugar a otro. Cual errante estrella.

Estambre: órgano sexual masculino de las plantas. Es en la flor el estambre.

Eternizado: sin principio ni fin. De este santo señor canonizado.

Eternales: perpetuidad. En un viaje a sueños eternales.

Escabroso: lleno de tropiezos. Hacíase tan escabroso mi ascenso.

Filántropo: se distingue por su amor a los demás. Filántropo que al pueblo se dedicó.

Fratricida: que mata al hermano. Y en lucha fratricida, vano empeño.

Fulgor: resplandor. Me deja en su fulgor una estela.

Galanura: adorno vistoso, elegancia. Que al alma engrandece y despierta, recreando su grata galanura.

Gallardía: valiente, airoso. Como lo hicieron nuestros antepasados, quienes con tesón y gallardía.

Garbó: gentileza gracia y perfección. De imponente garbó y magna presencia.

Gentilicio: perteneciente a las gentes. Supo ser nuestro gran gentilicio.

Gimeras: sonido de voces lastimeras. Despedíase con lágrimas gimeras.

Gráciles: sutil, delgado, menudo. De gráciles y finas pinceladas.

Grey: conjunto de individuos. Aprobado por el pueblo y su grey.

Guariquitén: bohío pequeño. Por eso estoy en mi guariquitén.

Hecatombe: mortandad de personas. Haciendo con su hecatombe nueva historia.

Hechura: acción y efecto de hacer. Lo impulsó a realizar tal hechura.

Hollín: humo pegado del techo de la cocina. Cuando se cocinaba con leña dentro de la casa. Y veo de hollín ennegrecido el techo.

Hurgando: remover, rebuscar. Aun así, todavía me las paso soñando, hurgando en el pasado.

Impío: falto de piedad. Pero el tiempo impío marcó su contraste.

Ledo: contento, plácido. Que ledo me extasiaba observando El Valle.

Leguas: desde muy lejos. Ya se puede ver a leguas.

Lomerío: conjunto de lomas. La Haya y el Tokío, que exhiben su lomerío, como sectores triunfantes.

Lontananza: a lo lejos. Perdíase mi vista en lontananza.

Lozanía: brillantez. Placenteras de arrobante lozanía.

Lugareño: natural de un lugar. Me pensé tan feliz y lugareño.

Madrigal: composición poética. Conformando un bello madrigal.

Magna, magnánimo: grande, animo grande. Otórgame toda tu magna brillantez.

Mayestático: majestuoso, impresionante. Es tan mayestático el proceso.

Mercenarios: soldados que matan por un estipendio. Se matan sin piedad pena ni gloria, invasores, mercenarios.

Místico: que incluye misterio. Tal vez un místico candor de las alturas.

Monseñoriales: título de honor, otorgado a los prelados eclesiásticos. Con sus mágicos ribetes Monseñoriales.

Montuna: monte. La cima montuna se apagó en la noche.

Natura: naturaleza. Lajas pueblo esculpido por el hombre y natura.

Nimbos: aureola. Con nimbos adornando su memoria.

Ninfas: jóvenes hermosas. Cuan ninfas hermosas, castas, nobles, puras.

Numen: inspiración. Numen que estás perdido, vagando en otros mundos a deshora.

Ocaso: decadencia, cerca del final. Con la brisa de mi ocaso iré contento.

Ondina: ninfa, ser o espíritu fantástico. Ondina de pureza y candor.

Óleo: obra de arte, con pintura hecha a base de aceite. Óleo de amor, de verde pincelada.

Oreganada: de orégano. La montaña oreganada al cielo canta.

Oteando: mirar, registrar en la distancia. Mientras yo oteando al cielo veía.

Otrora: de otro tiempo. Calle Lealtad de otrora.

Paladina: defensora de alguien o algo. Paladina de grandes proezas.

Parlera: que habla mucho. Bullidora, galante y parlera.

Pensil: jardín. El pensil de la maleza.

Piafando: levantar el caballo la pata, dejándola caer en el mismo lugar. Piafando desde el vasto firmamento.

Postrero: último. Hoy mi postrero adiós, te lo dedico a ti.

Plañidez: lamento, queja, llanto. Humor de plañidez.

Pleitesía: sumisión conformidad. Rindiendo pleitesía a Santa Mónica.

Prelado: eclesiástico superior de la iglesia. Que desde el pulpito recita el prelado.

Prestancia: excelencia. Admirando tu arrobante prestancia.

Quimeras: imaginería. Que la veían marchar, sin prisa alguna, sin quejas, ni quimeras.

Rapaz: muchacho de corta edad. Adolescente, rapaz de escuela.

Ramoneando: comiendo pasto. Ramoneando el pisoteado malojillo.

Rebosando: abundar en demasía. Rebosando a plenitud y algarabía.

Recamado: bordado de realce. Recamado de orgullo en demasía.

Romancero: perteneciente a lo romántico. Flores del romancero.

Ribetes: adornos. Con sus mágicos ribetes Monseñoriales.

Ruborosas: con rubor. Magas ruborosas, vestidas de fiesta.

Ruedo: redondel de la plaza de toros, galleras etc. Permitirme entrar al ruedo.

Rumorosos: que causan rumor. Que rumorosos forjan tu destino.

Seno: amparo, protección. Desde tu seno yo miraba la luna.

Sobera'o: piso. Y escupiendo en el sobera'o.

Sortilegios: adivinación supersticiosa. De bellos sortilegios y de gloria.

Suntuosidades: grandes riquezas. Aun sin suntuosidades.

Tabacales: sembradíos de tabaco. Pasado de tabacales.

Tesón: firmeza, constancia. Quienes con tesón y gallardía.

Timoneando: gobernar el arado. Y veo a don Manolo, timoneando el arado.

Travesía: atravesar distancias. Orgulloso contemplo el calendario, que señala tu curso y travesía.

Torrefacción: tostar el café. Comienza el proceso de torrefacción.

Trillo: vereda, camino angosto. Y veo la garza a orillas del trillo.

Umbría: parajes donde hay sombra. En una apacible y umbría lomita.

Vaho: vapor que despiden los cuerpos en determinadas condiciones. El vaho del aroma más profundo, que despide la tierra en la llovizna.

Vetusto: muy viejo. Y el viejo guayacán vetusto.

Zancadas: pasos largos. De cuatro zancadas bajo la quebrada.

Foto de la Calle Lealtad, c. 1914; suministrada por Surcando la Historia, Inc.

Nota biográfica

Al preámbulo de una bella primavera, un veinticinco de marzo de 1945, en el sector Piedras Blancas del barrio Sabana Yeguas, en un bahareque con el piso de la cocina de tierra, y el resto del humilde bohío con su piso de tabla astilla, casi rasero con la tierra, asistido por la comadrona, Rosa Galarza "La Norsa" nació el autor de estas poesías. Ramón Alameda Mercado. El tercero de una prole de catorce hermanos. Fueron sus padres don Jesús María Alameda y doña Elba Mercado. Cursó sus estudios primarios en la Escuela, Segunda Unidad de Palmarejo, en Lajas de Puerto Rico. Antes de terminar su octavo grado, a la edad de trece años, cambió los libros por una azada y un machete y se lanzó al trabajo de la agricultura.

A los dieciocho años de edad en 1963 enfiló su destino hacia los Estados Unidos de Norte América. A la Ciudad de Camden, al Sur del Estado de Nueva Jersey, donde trabajaba para subsistir. Diez años más tarde, el gusano de la nostalgia le mostró el camino de regreso. Ese mismo año ingresó en la escuela intermedia nocturna, Luis Muñoz Rivera de Lajas, y al año siguiente tomó el examen donde obtuvo su diploma de escuela superior.

Desde finales del 1973 hasta casi terminando el 1976 se desempeñó como voluntario, organizando comunidades con la organización V.E.S.P.R.A. Voluntarios En Servicio A Puerto Rico Asociado. De allí pasó a laborar en la empresa privada.

Veintitrés años después de haber obtenido su diploma de cuarto año, en 1997 en un último intento, ingresó en la Universidad Interamericana de San Germán, para dos años más tarde abandonar sus estudios. Sin embargo, estos altibajos académicos de Ramón, no fueron el obstáculo para detenerse. Siendo un ávido lector, ya a finales de la primera década el siglo veintiuno, Ramón se montó en el indomable potro de la literatura y comenzó a producir sus primeros trabajos literarios.

A la edad de sesenta y cuatro años produjo su primer cuento; más tarde, se unió al colectivo *El Sur visita al Sur* y en las *Antologías Abrazos del Sur* de los años 2012,13 y 14, publicó sus primeros cuentos.

En el 2012 participó en los juegos florales celebrados en su pueblo natal, Lajas, donde se ganó el primer premio en poesía y el segundo en narrativa.

En el 2014 participó en el concurso de microcuentos "Las dos Orillas" auspiciado por El Ministerio de Cultura de la República Dominicana y el Sur visita al Sur de Puerto Rico donde obtuvo el primer premio, con su microrelato, "Traición".

En *Cantata a Lajas* comienza su anhelado sueño de comunicarse literariamente con su pueblo y bajo el sello de la Casa Editorial Akelarre, publica, esta *Cantata a Lajas*, su primer libro.

ÍNDICE

Made in the USA
Columbia, SC
14 October 2024

44363070R00080